5歳までは〝詰め込み〟が善

「東大に入る子」の作り方

和田秀樹 Wada Hideki

幻冬舎

カバーデザイン　小口翔平＋喜来詩織（tobufune）
写真　アフロ
構成協力　本郷明美
本文デザイン・DTP　美創

はじめに

２０２０年度から、迷走を重ねた〝教育改悪〟が始まります。

今回のものは、約20年前の「ゆとり教育」で世間の批判にさらされ、軌道修正を迫られた文部科学省がリベンジで挑んだ教育改革です。子供たちに〝正解のない問いを探究し、自分で考え、グローバル社会で生きる力をつける〟ことを目的としています。

具体的には、「大学入試センター試験」が「大学入学共通テスト」に変わり、出口を変えることで、高校や中学の教育内容も変えようとしています。詳細はメディアで報道されている通りです。

子供たちが「自分で考え、生きる力をつける」ことに異論はありませんが、その方法論と改革内容がおおいに間違っていると私は思います。

そもそも「自分で考え、生きる力」とはどのようにして身につくのでしょうか。

文科省や有識者会議に出ている産業界の人たちは、教育のプロではありませんが、私はこれまで30年ほど、受験勉強法の本を書き続け、志望校別の受験勉強法の通信指導や、東大や医学部合格のための専門塾を経営してきました。

そこでいろいろな特性を持つ子供たちと接して、わかったことがあります。

親や教師に言われたことをやるだけではなく自ら考え工夫して、問題を解くだけではなく志望校対策をし、人生の課題にも挑戦していく生きる力を持った子供というのは、「自分はできる」という自信と体験を得ているのです。

自ら考え、自立して生きていくためには、自分自身への信頼が非常に重要です。

子供にそうした体験をすぐさせてあげられるのが、幼少期の学習体験だというのが私の結論です。

そのためには、いまだに一部から非難されるのが不思議でなりませんが、「先取り学習」と「詰め込み教育」をすることです。それも子供が嫌がるのを無理矢理させるのではなく、「新しいことを知る喜び」「できる喜び」を経験させるためにするのです。

どんな子供でも成長願望を持っています。生まれたときからやる気のない子供などいません。「先取り学習」の利点は、学校に入ったとき「自分はできるんだ」という自信が生まれ、自発的に学習をしていくよいサイクルができる点です。

ですから親御さんは、国の教育制度についてはいったん忘れてください。制度変更への対策は1年もあれば十分です。重要なのは、制度に合わせることではなく、それこそ社会で力強く生きていくために必要な「基礎学力」を子供につけさせることです。それも「自分はできるんだ」という自信とともに、です。

そこで、基礎学力を身につけ、自信を持ち、何かうまくいかないことがあってもやり方を見つけられれば越えていけるはずだという信念を持てれば、どんな入試改革をされても立ち向かっていける子供になるのです。

学校まかせはやめましょう。自分の子供の特性を見ましょう。子供の成長を親自らが潰してはいけません。子供に合ったやり方を見つけられれば、そして子供の得意なことを伸ばしてあげられれば、きっと自信がつき、勉強が好きになり、勉強のできる子供になれるのです。一緒に親御さんも成長しましょう。

そのために必要なことは何なのか。今からその戦略を提案します。

「東大に入る子」の作り方　目次

第1章
教育も要領！親が変われば子も変わる

第2章

子供に自信をつけさせる方法

第3章

何をどこまでどう教えるか

第4章 飽きずに習慣化させる方法

第1章

教育も要領！親が変われば子も変わる

過保護に勝る教育はなし

この本を手にしている教育熱心な親御さんたちでも、時々惑わされてしまう幼少期の神話があります。それは「子供はのびのび育てるべきだ」という間違った神話です。歌を歌ったり絵を描いたり、野原を走り回ったりする時間を犠牲にして、勉強ばかりさせるのはいいことなのか、と問題視する親たちは、いまだに世の中の大半を占めています。

しかし、そういいながら、野原に連れていくこともなく、子供をほったらかしにして、何も教えていない親がなんと多いことでしょうか。また小さい子供の場合、いろいろなことを犠牲にしなくても勉強をさせることはできます。

子供にとって自分が賢くなっていく経験は、本来、快体験であってまったく苦ではありません。新たな知識を得て世界が広がっていくことは喜びなのです。学習＝子供が嫌がること、という思い込みが親御さんにもしあるなら、それは即刻、捨ててください。

ましてや少子化の今こそ、子供をいい学校に入れ、きちんとした学力をつけさせるチャンスです。学歴の高い人ほど、卒業後の人生の選択肢も多くなります。

昔はどこの大学を出ていても、大卒というだけで一部上場レベルの会社に入れました。終身雇用のおかげで生涯年収も大して変わりありませんでした。日本は「学歴社会」と長く言われてきましたが、実際にはそうではなかったのです。

しかし今は違います。非正規雇用の割合はゆるやかに上昇していて、企業に余裕もありません。大手企業の将来すら不安定です。現在は売り手市場とはいえ、実力のある若者、自ら考えて行動する若者が欲しいというのが企業の本音。その背景が端的にわかる「学歴」は、今後ますます大きな武器となります。

それに、私の灘校時代の先輩は東大卒業後に板前になりましたし、東大卒でジャズ歌手になった人もいます。学歴はその人の才能を話題にしやすくしても、邪魔にはなりません。〝のびのび育てて〟勉強をおろそかにするほうが、子供の未来を奪っています。

これから社会に出る子供に、多くの選択肢を与えてあげられるようにするのは、親として正しい教育法です。親御さんはおおいに過保護になり、子供の教育に積極的にかかわっていくようにしてください。

「お受験」すればあとがラク……という考えならおやめなさい

子供の教育を考えるとき、お受験（小学校入試）がまっさきに選択肢に入ってくる親御さんは多いと思います。

幼稚園の頃から専門の教育を受け、有名な私立大学に付属している小学校を受験します。付属の小学校に入学したあとは、エスカレーター式に付属の中学、高校と進学して、大学まで行くことができます。小さい頃に一度だけ受験の苦労をさせて、学歴が保証されるのはいいことではないか、というわけです。

しかし結論から言うと、そうした考えで親御さんがお受験を考えているのであれば、させないほうがいいでしょう。というのも、お受験をし、付属の小学校に入学したきりの子供は、その後の学力があまり伸びないことが多いからです。

実際、ゆくゆくは国立の難関校や医学部の受験を考えている子供たちには、お受験で入学した学校のままでなく、別の中高一貫校へ進学する子が多くいます。大学までの出口が決まっていてのんびりしている付属校より、外の中高一貫校のほうが学力を高める環境が整っていて、学習意欲も高くなりやすいからです。

将来進学したい大学だからその付属校を受けさせたのだという人もいるでしょう。しかしトップ大学に進学するには、小中高と継続して学力を高めていく必要があります。

学習意欲とは、新しいことを覚える喜び、競争して勝つ楽しみを経験して高くなっていくものです。親が子供によかれと、小さい頃に一度だけ受験の苦労をさせてあとは〝のびのび〟、と考えてしまうと、結局、学習意欲も学力も低下させることになります。

子供にラクをさせるためと言いつつ、お受験後は学校にまかせればラクだからという考えなら、ますますやめたほうが賢明です。

それでもお受験を考えている親御さんたちには、お受験をうまく利用して子供の教育にプラスになるように活用する意識と計画が必要です。

まず親が根拠のない自信をつけよ

私が『受験は要領』を書いたのは、もう30年ほど前になります。その頃は、劣等生でもやり方を変えれば東大に入れると素朴に信じ、実践した子供たちがたくさんいました。実際、いまだに「和田先生が書いた勉強法で志望校に合格しました」といったうれしいことを言ってくる人がいるほどです。

しかし最近は、子供や親の意識が変わってきたように感じます。親子ともども自信が不足気味で、あきらめが早い節があるのです。

日本の景気が傾きだしてからすでに25年が経ちました。幼少期のお子さんを持つ今の20代〜40代の親御さんたちは、物心ついたときから景気の低迷が始まっていて、自分の生活や人生に自信を持ちづらい世代なのかもしれません。

勉強のできる子にしたい、と口では言いつつ、「東大を出た人の勉強法など、頭の構造が違うのだから役に立たない」とか、「親（自分）の学力が大したことないからあまり期待しないでおこう」といった具合なのです。

教育に比較的関心のある親御さんたちでさえ、そうです。しかしこういう親の自信のなさ、あきらめの早さは子供にとってマイナスにしかなりません。

最悪なのは、子供の覚えが悪かったりするとき、「この子は頭がよくない」「勉強が好きじゃない」と一方的に親が決めつけることです。親のこうした決めつけは、子供のやる気や勇気をくじいてしまいます。そして決めつけの延長線上にある子供への〝絶望〟は、子供に非常に悪影響を及ぼします。心理学者のアルフレッド・アドラーも言うように、親が子供のことで絶望すると、子供は見放されたと考え、未来への希望を失ってしまいます。

賢い子供に育てるために必要なのは、何はともあれ親御さんの自信です。親御さんが自信を持てば、子供も自然と自信を持ちます。子供の根拠のない自信は、テストでいい点を取るなどして、先々、根拠のあるものにしていけばいいのです。

親子で根拠のない自信を持ち東大に入った弟の話

　これまで何度か自分の本に書きましたが、私の弟はいわゆる気の毒な劣等生でした。父からはいつも私と比較され、「できの悪い子」「アホなほうの息子」というレッテルを貼られていました。弟は、私に続こうとして灘中を落ち、滑り止め受験をした学校に入学、そのまま高校に進学していました。その学校は、毎年京都大学の合格者が1人、大阪大学に4、5人、というくらいの学力レベルです。しかも、学校内での弟の成績は60位程度。関関同立クラスに進学できれば御《おん》の字というところです。

　しかし、こんな現実にもかかわらず、弟は根拠のない自信に満ちあふれた性格で、大学受験で大逆転したのです。

　私が東大に進学し、弟が高校3年になったあるとき、こんな頼みごとをされました。

「僕ができないのは学校の教え方が悪いせいや。灘校の勉強の仕方さえマスターすれば、絶対に東大に合格できると思う。だから灘校の勉強の仕方を教えてほしい」。この申し出には驚きましたが、私はあらためて灘校に伝わる勉強法を体系化し、弟に教えました。そして灘式の勉強法をマスターした弟は、みるみるうちに実力をつけ、見事、東大に現役合格したのです。

弟が受験の具体的なノウハウを身につけたことも大事ですが、もっと重要なことは、弟が「自分はできる」という自信を持っていたことです。父親に劣等生のレッテルを貼られていた弟でしたが、「おまえは絶対に賢いはずだ」と彼に言い続けていた人物がいました。母親です。弟が小さい頃から、母親だけは「うちは頭のいい家系なんだから、おまえも頭がいいに決まっている。ご先祖様には賢い人がいっぱいいたんだから」と、ときには先祖の話まで持ち出して、説得していました。

母親も弟も能天気とも言える性質があり、2人とも「東大に行ける」ことを信じて疑いませんでした。この根拠のない自信こそ、実は勉強ができる子になるための一番のカギなのです。子供に自信を持たせる前に、親が自分の子供の力を信じること。自信がないと、子供の成績が少し落ちたくらいですぐあきらめることにもつながります。親の自信こそ子供にとって最大の力となるのです。

子供に合った勉強法をとにかく試せ

教育熱心を自覚する親御さんたちにも、顧みてほしいことが一つあります。

それは、自分の子供に合った勉強法をどれだけ試しているか、ということです。

子供の能力、性格、特性はそれぞれまったく違います。幼少期の子供には、脳の発達・成長や月齢の差があるので、周りの子ができても自分の子ができないということは珍しくありません。きょうだいでも、お兄ちゃんは楽しんでこのドリルをしたけれども、妹は全然見向きもしないということは当たり前にあることです。

しかし、親御さんの多くは得てしてして、その勉強法を誰が唱えているか、どれだけ話題か、といった権威やブームにこだわりすぎる傾向があります。自分の子供に合うかどうかという視点が欠けやすいのです。

しかしどんなに著名な教育評論家がすすめているやり方でも、どんなに売れている子育て本に書かれていることでも、自分の子供に合ったものとは限りません。

では何を基準に、子供に合う合わないを判断すればいいのでしょうか。

それはシンプルに、結果が出ているかどうかで判断してください。

その勉強法を自分の子供が楽しくやっているかどうか、それをやってみて成功体験ができているかどうか、結果に結びついているかどうかを見てください。なかなか覚えられないとかいい点が取れなければ、それは自分の子供に合った方法ではないのかもしれません。

そして、一度試した勉強法が子供に合わないかなと思ったら、次の勉強法にいく前に、理由をちょっと探ってみてください。

勉強したのが眠い時間帯だったのではないでしょうか。疲れていたから集中できなかったのかもしれません。絵の多い教材に実はあまり興味がないのかもしれません。合わない理由を探ってから、対処法を検討してください。

子供は一人ひとり違います。それを忘れて巷の子育て本によくある「これさえやれば」という安易なフレーズに親が惑わされ、ムダな方法を押しつけ続けないようにしてください。勉強法が合わなければ、この本の方法も含めて何十種類でも変えて、試してみることをおすすめします。

今から大学受験こそ本番と心得よ

私が主宰しているI&Cキッズスクール（Intelligence＝知性、基礎学力とConfidence＝自信を持ってほしいという願いからこの名前をつけました）では、働くお母さんたちを応援したいという私のもう一つの願いから保育園も兼ねています。そしてこの頃から、大学受験を意識してカリキュラムを組んでいることを最大の特徴としています。

たとえば、勉強好きになっていく気持ちをどうしたら高められるか、先々勉強が難しくなっても挫折しないようにするにはどうしたらいいか、大学受験にへこたれない強い心をどう持ち続けるか、という点を考えて、学習内容を組んでいます。

具体的に何をどこまで教えるかについては、第3章でお話しします。

しかし、くり返しますが、5歳までの幼少期で何より大事なのは、子供にいかにして自信を持たせるかです。親子が揃って自信を持てるようにすることです。

そもそも子供に自信がなければ、「勉強の仕方を変えれば成績が上がる」とか「東大や医学部に受かる」と信じることができません。いい勉強の仕方を教えても成績が伸びなかったりしたとき、自分に自信がない子供は、すぐ嫌になって「しょせん自分には無理」と結論づけてしまうことが多いのです。基礎学力のなさも背景にあります。

基礎学力のつけ直しは大きくなってからでも可能なのですが、結局、小さいうちから自信を育てて勉強が楽しいと子供に思わせることが、何を教える上でも一番手っ取り早く子供を成長させる解決法なのではないかと、私は近年、思うようになりました。

アルフレッド・アドラーや、精神分析学者ハインツ・コフートの理論を長年学んでいくうちに、自信を持たせる方法もつかめてきました。また、長らく大学受験にかかわったり、多くの優秀な起業家や医師たちと接した経験から、人間が競争に勝ち抜いていける強い心を養うためには、幼少期に自信をつけさせることがとても大切であることもわかってきました。幼少期のお子さんを持つ親御さんも早くそれに気づき、この「親塾」のメソッドを実践してもらえたら、大学受験やその後の人生に確実にいい影響があるはずです。

迷うなかれ、「詰め込み教育」こそ善

「詰め込み教育」という言葉には、いまだ否定的な意見がつきまとっています。

やれ子供の創造性や思考力を奪うとか、勉強への意欲が奪われて勉強がわからない子が増えるといった理由があげられますが、もちろんそんなことはありません。

インドや北欧諸国など、世界的なソフト開発の技術者を輩出したり、ＩＴ大国として先端をいっている国は、算数を子供の頃からみっちり教えています。

そしてわが日本では詰め込み教育を批判された文部省（当時）が、１９７７年と98年（ゆとり教育）にカリキュラム削減を行った結果、かえって学習意欲がなく、教科書の内容もわからない子供が増えてしまったのは、みなさんご承知の通りです。

ほかにも、「詰め込み教育」への批判に、小さいうちから勉強ばかりさせて、知識を頭の中に入れていくのは危険であり、子供の性格を歪《ゆが》めてしまう、というものがあります。

たしかに、子供のキャパシティを超えたことを無理矢理詰め込むのは問題です。しかしそれは方法が間違っているだけです。精神科医として断言できますが、知識を詰め込んでいくこと自体に、精神的な悪影響はまったくありません。

幼少期から自分は勉強ができると思っている子供は、周囲から見れば、多少、うぬぼれて映ることがあるかもしれません。人に勝ちたいという欲求も持ちますので、勉強ができない友達をバカにすることもあるかもしれません。しかし6歳までの子供はわがままのかたまりみたいなもので、未成熟な生き物です。アドラーも言うように、人間は優越性を求める生き物ですから、人よりできるとアピールするのは自然なことなのです。

10歳くらいになれば、社会性や人間性を身につけていきます。人の立場になってものを考えられるようになります。それが自然に身につかなかったとしても、周囲が教えていけば、ほとんどの子供は身につけていきます。さらに言えば、大人になってから身につけることも可能です。子供の頃は多少生意気で、自信過剰なくらいでちょうどいいと思いましょう。子供が新しいことを覚え、できるようになることを喜んでいる限り、「詰め込み教育」を躊躇《ちゅうちょ》する必要はまったくありません。

「先取り学習」で、勝ちグセをつけよ

小学校に入学したとき、学校で先生が話すことが理解できること、これは子供にとって非常に意義のあることです。6歳の入学前までに、小学校低学年（2年生もしくは3年生。理由は第3章で説明します）分の勉強を「先取り学習」しておくべきです。これこそが、子供さんも親御さんも、根拠のある自信を身につけられる最強の方法です。

たとえば幼稚園を卒園するまでに、小学2年生もしくは3年生までに習う漢字ドリルや算数ドリルをやって、勉強内容がある程度理解できていれば、子供の大きな自信になります。これまで根拠のなかった自信が、勉強ができるという明確な根拠のある自信となって、お子さんはもちろん、親御さんを支えることになるのです。

そして子供が学校に入ったとき、授業がわかる楽しみをぜひ体験させてあげてください。周りの子供たちと比べても「自分はできるんだ」という〝勝ちグセ〟をつけることは、子

供にとって非常に重要です。「できるんだ」という自信がとてもいい上昇気流となって、その後の学習意欲に多大な影響を及ぼします。

先生の言うことがわかる、勉強がわかるという体験は、子供の自己肯定につながります。「理解できる」ということが、成功体験になるからです。これが根拠のない自信を、根拠のある自信に変えていくことになります。

自信を持ったわが子を見ると、親の気持ちにも自然と余裕が生まれます。親の心に余裕があることは、子育てにおいて非常に重要な要素です。

お受験が子供の害悪になってしまう理由の一つは、親がすぐカリカリ、イライラすることです。試験を前にして、「なんでこんな簡単な問題ができないの！」と焦って怒る親が多いのです。これでは子供は萎縮するだけ。つまり、その後の人生に必要な自信を奪ってしまうのです。親の焦りは何も生み出しません。

早生まれの子ほど「先取り学習」を

詰め込み教育と同様、先取り学習に賛否両論あるのは事実ですが、これも気にしなくてかまいません。

たしかに、できないことを無理に先取りしようとすれば、子供は混乱するでしょう。わからないために、大事な自信を失ったり、勉強が嫌いになるリスクもあります。

しかし、幼少期は何でも吸収できる時期。暗記が得意であり、いくらでもものを覚えることができます。そして子供もいろいろなことを覚えれば覚えるほどうれしくなって、さらに多くのことを覚えたくなるものです。

ただし、いわゆる「9歳の壁」というものがあって、この幼少期にはまだ、抽象的、論理的思考力を求められる勉強をさせることはできません。子供の脳は9歳～10歳で変化して、抽象的な概念も理解できるようになりますが、幼少期の子供の脳はそこまで発達していないからです。

つまり、ここが子供の学習の一つのターニングポイントになるわけですが、幼少期なら、この「9歳の壁」を越える前の小学3年生までの内容は、先取り学習の対象にしてかまわないということです。

とくに、4月〜6月生まれの子供と比べ、成長の差の影響がある早生まれの子ならなおさらです。5歳になるまでにきっちり先取り学習をさせておけば、入学時には4月〜6月生まれの子よりよっぽどできて、自信にあふれた子になります。

といっても、小学校に入るまでに、何が何でも小学3年生までの勉強を先取りして終えなければならない、ということではありません。親御さんは、子供と一緒に学ぶ喜びを体験しながら、焦らずに伴走していってください。

第2章

子供に自信をつけさせる方法

「できる喜び」を体感させよ

第1章で触れたハインツ・コフートは、人間の心には親の反応次第で「野心の極」というものができると言っています。

赤ちゃんがよちよち歩きを始めれば、親は「すごいね！」と喜びます。赤ちゃんはその喜びを感じて、もっと喜ばせようと、さまざまなことにチャレンジするようになります。こうした体験をくり返し、赤ちゃんには原始的な感情＝野心の源が生まれてきます。コフートは、これを「野心の極」と名付けたのです。この原始的な感情は、「自分には生きている価値がある」「自分はきっとうまくいく」という感情を持つことにつながります。

一方、アドラーは「子供を褒めること」を決してすすめてはいません。「褒める」という行為が上下関係に結びつく点、そして子供が「親が喜ぶから勉強する」という意識を持ってしまう点などの恐れがあるからです。しかし、アドラーは基本として「何かをやるのはすごいことだ」という感覚を持たせることが大切だという考え方をしています。私は、たしかに結果を出せていないのに褒めることは賛成しませんが、子供が何か少しでもできるようになったという体験であるなら、「すごいね！」「できるようになったね！」と声をかけてあげて、喜ぶことはおおいに意味があると思います。

たとえば、計算ができた、名前が書けるようになったなど、何か子供ができるようになったら、大げさなくらい褒めてあげるのです。褒める要素を見つけるためには、子供の細かい行動を日頃からよく観察することも大事です。

大人にとっては小さな進歩でも、子供にとっては大きな前進となる出来事はたくさんあります。子供の野心は満たされ、「もっとできるようになりたい」と自分からがんばるようになります。かけ算ができる、漢字を覚えるなど、なんでもよいのです。「できた」という喜びを感じ、野心が満たされることで自発性も生まれ、自分から勉強するようになります。

とはいえ、子供が何かにつまずいたり、うまくいかないときも必ず出てきます。

こうしたときは無理にポジティブな言葉をかけるのではなく、「パパがついてるからだいじょうぶだよ」「ママがついてるからだいじょうぶ」といった言葉をかけましょう。そうすれば、子供はまた自信を持って、野心を満たそうとするはずです。

親はいつでも励まし続けよ

私は子供の頃、いじめられた体験があります。

小学生のとき、父親の仕事の関係で、関東と関西の間で6回転校したのですが、東京の学校では関西弁をバカにされ、関西の学校では東京の言葉がキザだと言われ、また運動が苦手なこともあり、いじめの対象になったのです。

しかし、私はいじめに負けることはありませんでした。いつも母の励ましがあったからです。それは抽象的ではなく、現実的で具体的な解決法でした。たとえば、東京の学校で関西弁をからかわれたときのことです。

「そんなことを言う東京の人間のほうが田舎者だ。そんなバカな子たちに合わせることはないし、逆に、勉強して見返してその子たちをバカにしてやれ」

母は、こんなふうに私を励ましたのです。

そのアドバイスもあり、実際に勉強して灘校に合格しました。いじめは灘校に入学すればなくなると思ったのですが、意地の悪い人間はどこにでもいます。殴られたことは何度もありますし、学校のプールに投げ込まれそうになったり、柔道着の帯で窓から吊されたこともありました。せっかく勉強して灘に入ったのに、またいじめられたのですから、私も今度ばかりはいじけてしまっても仕方ない状況です。ところが、母はこう言ったのです。「灘校のような進学校でもいじめられるのだから、おまえはかなりの変わり者だ。将来、普通の会社に入っても周囲とうまくいかないだろうから、勉強して資格を取りなさい」

母は、「みんなと仲良くしなさい」などというきれいごとは言いませんでした。さらに「勉強」という対抗手段を教えてくれたのです。母曰《いわ》く「変わり者」でも、みんなに合わせなくても、勉強ができれば将来ちゃんと食べていけることを教えてくれました。

母は、子供である私のことを丸ごと信じ、愛し、現実的なアドバイスをしていたのだと思います。私はいじめにあっても、母との強い精神的な結びつき、信頼関係によって、「自分」を持っている子供になることができました。だからこそ、灘校で落ちこぼれたときも、「やればできる」「やり方を変えればできる」という、そこはかとない自信があったのです。

親御さんは、どんなことがあっても子供を励まし続けてください。

負けん気の強さを否定するな

私は、子供に自信を持たせることが大事だと一貫して話しています。第1章で「先取り学習で勝ちグセをつける」ことが大事だと述べているのも、それが自信を身につける最強の方法だからです。よく、「先取り学習をすると自信過剰にならないか」という心配を聞くことがあります。成功体験を重ね、根拠のある自信が強くなっていけば、たしかに自信過剰になるかもしれません。しかし、もし自信過剰になったとしても、問題ありません。

子供時代は自信過剰だったり、負けん気が強いくらいのほうが望ましいと思います。子供のときはすぐに自信をなくしてへこたれるより、自信過剰なくらいが断然よいのです。負けん気が強いことも、将来待ち受けるさまざまな困難を乗り越える大切な原動力です。

こういうタイプの子供は、「性格が悪い」などと言われるかもしれませんが、人をひどく傷つけるようなことがない限り、心配する必要はありません。

日本では「やさしくて、いい子」と言われて安心する親御さんのほうが多いと思いますが、いずれ子供は親元を離れて厳しい競争社会で生きていかねばならないのです。今後ますます格差が広がる社会で、「生き抜くための力」をつけさせるのが、親の仕事なのです。

私は、私も含めて、自信過剰だった東大卒の人を何人も知っています。「性格が悪い」といわれるタイプかもしれませんが、仕事に自信を持ち、経験を積んで角が取れていく人、つまり性格がよくなっていく人がほとんどです。対して、望んだ道に進めずにいじけた性格になってしまった人もいます。

また、精神科医という職業上、自信が持てずにうまく生きていけない人もたくさん知っています。子供の頃「いい子」と言われたのに、大人になって思うような職業に就けず、収入などにも恵まれず、いじけた性格になってしまう人間。子供の頃になんと言われようと、競争を勝ち抜き望んだ生活を得て、性格がよくなった人間。どちらがいいでしょうか。

子供の頃は負けん気が強く、少々性格が悪いくらいでいいのです。「みんな同じで」「みんな仲良く」などと大人が言うから、せっかくの子供の力が伸びないのです。海外では、「できることをひけらかす」子はいい子であり、否定されるのは日本くらいでしょう。とにかく子供をできるだけ褒め、自信過剰、負けん気が強いことを否定しないでください。

子供の関心に親も興味を持て

心理学者のアルフレッド・アドラーは、親子は上下関係ではなく、対等な関係だと考えました。ですから、子供を無理矢理方向づけるのではなく、あくまでも「子供の潜在的な能力を最大限に引き出す」のが親の役割であるという考え方をしていました。そのために重要なのが、「共感」することです。共感するためには、相手が関心を持っている対象に興味を持つことが必要です。

たとえば、子供が勉強に関心を持っていないのに、「勉強っておもしろいでしょう」などと無理強《じ》いしても勉強嫌いになるだけです。

「潜在的な能力を引き出す」ためには、まずは親が子供の関心に興味を持たなければなりません。子供が何に関心を持っているのか、見ていれば必ずわかるはずです。親は、その子供の関心に興味を持って、子供の努力を認めてあげるのです。

たとえば、勉強は嫌いだけれど、乗り物が大好きな子供がいたとします。車の名前や列車の名前などを覚えるのに一生懸命ならば、覚えた名前を聞いて褒めてあげましょう。勉強ではありませんが、子供は成功体験を一つ得たことになるのです。

「車の名前を覚えて褒められた」「車のことなら誰にも負けない。もっと覚えよう」

褒められれば、子供は意欲を持ちます。まずは焦らず、子供が関心を持っている分野で、「できた」という成功体験をさせてください。

さらに成功体験を重ねて自信を持ち、成長とともに、「勉強でも勝てるかもしれない」「スポーツもできるかもしれない」と、関心が広がっていくのです。

また、子供の関心、能力というのは当然ながらさまざまです。勉強に限らず、子供を「天才」にするのだったら、「習い事やスポーツなどを50くらいは試してみよう」と私は言っています。将棋、ピアノ、絵、野球、音楽……。まずは短期間でもよいのです。「天才を作る」ことはできないけれど、「天才を見つける」ことはできると思っています。

アドラーが言う通り、まさに「子供の潜在的な能力を最大限に引き出す」のが親なのです。勉強を押しつけるのではなく、まずは子供の関心を知り、認めてあげること。この順序を忘れてはいけません。

できないことを無理強いするな

小さい子供が勉強嫌いになるのはなぜでしょうか。その理由は一つしかありません。勉強ができない、あるいはわからないのに、周りが無理にさせるからです。

子供は小さいうちほど、計算はできるけれど覚えることが苦手、スポーツは得意だけれど行儀が悪いなど、能力と特性がバラバラです。親はダメなところを直そう、できないことをできるようにしようとします。この無理強いがコンプレックスを生んでしまうのです。

できないことを無理にさせるのではなく、今できることをしながら、できないことができるようになるまで時間をかけて進んでいくことが大事です。計算はできるけれど、字が書けない子だとしたら、親は焦ると思います。けれども、ゆくゆくは書けるようになりますから、まずは計算ができることを褒めてほしいのです。

また、わからないと、子供は勉強が嫌いになります。なぜわからなくなるかといえば、個人差のある子供の力に、教え方が対応していないからです。ある方法でわからないなら、教え方を変えてわかるようにしてあげれば、また喜んで勉強に向かうようになるのです。

その子に合う、その子にとって「わかる」教え方ではないのに、ただやみくもに「勉強しろ」と言っても、子供が喜んで勉強するはずはありません。勉強嫌いになるばかりです。子供というのは、楽しいこと、うれしいことは喜んでしますが、嫌なことやつらいことはしたいと思いません。実に正直ですが、本音では大人も同じではないでしょうか。子供にとって勉強を楽しいことにできるか、嫌なことにしてしまうかは、親御さん次第です。

子供がわからない、勉強が嫌だと言うときほど、さまざまな教え方を探らねばなりません。親ができるのは、あるやり方で子供ができなければ、別の方法を試すということです。

私は高校時代、数学が大の苦手でした。演習の授業を受けてもさっぱりわからない。ところが、ある日優等生の数学のノートを手に入れ、解法を丸暗記していったのです。つまり解法パターンを丸暗記したところ、見事なまでに点が取れる、つまりできるようになったのです。大人であっても新しいことに踏み出すのには勇気が要ります。経験の少ない子供ほど失敗を恐れるのは当然です。しかし、アドラーは、「勇気を持って一歩踏み出すことが大切だ」と言っています。まずは一歩踏み出してみましょう。

「結果」を褒めて「行動」を叱れ

子供がもしテストで100点、あるいは90点を取って帰ってきたとします。よい結果であれば、テスト前に勉強していなかったように見えても、まずはともかく褒めてあげましょう。ところが、親というものはいい成績を取っても、案外、否定的な言い方をしがちです。90点であれば「もっとがんばれば100点取れたかもね」といった具合なのです。「がんばってなくても」いい結果が得られたということは、子供なりに解き方を発見したり、勉強法を工夫したはずです。結果がよいのですから、文句なしに褒めていいのです。認めてもらえれば、子供はますます努力するようになります。

逆に結果が悪かったとき、叱ってはいけません。「どうしてできないの」と責めても点数は変わりませんし、叱っても決してできるようにはならないからです。その代わりに、たとえばテストの結果が30点だったとしたら、「30点」という結果を叱るのではなく、その後の行動を叱るのです。そのとき子供が、帰宅後すぐにおもちゃで遊び始めたとします。ここで初めて、「30点だったのに、どうしておもちゃで遊んでるの？　復習しようよ」などと言うようにしましょう。結果は叱っても変えられませんが、行動は言えば変えられます。

ただ、「30点だけどがんばったじゃない」などと、むやみに慰めるのもやめてください。子供に対して「あなたはこんなものだ」と思わせることは、可能性を狭めてしまうことです。「あなたは本当は100点を取れるはず」「もっとできるはずだ」ということは伝えましょう。そして、たとえば算数であれば「ここの計算を間違えたのね」というように、一緒に間違いを分析すればよいのです。

「残念だったね」「次はきっとだいじょうぶ」など、抽象的なワードも子供には伝わりません。あくまでも具体的に、子供と一緒になぜ間違えたかをチェックして対策を考えるのです。「やればできる」「お母さんと一緒にがんばればできるようになる」と子供が信じられるようにしましょう。そして、次回いい結果が出たときは、「やっぱりちゃんとできるじゃない」と、おおいに喜んであげましょう。ちゃんと「やればできる」と思えれば、子供は決して勉強を嫌いになりません。

「してくれてありがとう」を多用せよ

勉強以外の場面でも、子供にできるだけ自信を持たせることは大切です。

子供は誰かに貢献していると思えたとき、自分に価値があると感じることができます。誰かに貢献することで、友好的な対人関係も結べるようになります。ささいなことでも子供のしたことをきちんと見て、積極的に評価してあげましょう。

評価といっても、決して難しいことではありません。「自分は役に立っている」と思わせればいいのです。

たとえば家庭では、お手伝いをしてくれたら、「片付けてくれてありがとう」「料理を運んでくれてありがとう」というように感謝の言葉をかけていくことが大事です。

子供は「発達欲求」があるので、大人の真似をしたがります。料理をしたがったり、洗濯物を干したがったりする子もいるでしょう。そんなとき、「あぶないからやめて」「かえって遅くなるから」などと断ってしまうと、子供は否定された気分になってしまいます。たとえ役に立たなくても、お手伝いをしたがるときはさせてください。

子供の貢献したいという意欲は喜んで受け入れましょう。

精神分析学には「投影」という概念があります。たとえば、「自分はみんなの役に立っていない」「自分はダメな人間だ」と思い込むと周囲もそう思っていると感じてしまう。すると、周りの人たちが敵に見えて怖く感じてしまいます。自分が役立っていると思えない限り、人は周囲の人を敵視する傾向があるのです。

子供が対人関係でつまずくのも、ここに原因があります。

ですから自分に価値があるとわかれば、子供は積極的に働きますし、自信にもつながるのです。何かをしてくれたなら、「○○してくれてありがとう」ときちんと言ってあげてください。

負けて傷ついたときは、得意なもので優越感を

アドラーは、人間は本能として、他人に勝ちたいという欲求を持っており、子供はどんどん競争にさらされたほうがよいと言っています。最初から無気力な子供などいません。どんな子でも、勉強やスポーツで「勝ちたい」という気持ちを持っているのです。

そして、「勝った」という成功体験は、子供が自ら勉強する原動力となります。

アドラーはまた、劣等感に強く着目しています。人生のうちで、人間は必ず何らかの競争で負けることがあるでしょう。負ければ子供は劣等感を持ちます。劣等感を持つことは人間を成長させる重要な起爆剤となりますから、決して悪いわけではありません。劣等感を持っても、それをバネにして成長できる人もいます。

たとえば、背が低いことに劣等感を持っている人ならば、コミュニケーションの力を伸ばせば、背の高い人より異性から好かれる可能性があります。あるいは劣等感をエネルギ

ーにして仕事に精を出し、多くの人に認められるかもしれません。

ただし、それがひどくなった「劣等コンプレックス」というのは劣等感を持って自己否定してしまうことです。劣等コンプレックスが残ってしまうと、子供が自信をなくしてしまいます。競争で負けたとき、親御さんは、何らかの形でその劣等感から回復させてあげてください。その劣等感を否定するのではなく、優越性を追求する手助けをするのです。

たとえば、足が遅いことに劣等感を持っている子供なら「足は遅いけれど、勉強で勝てるよ」と話しましょう。漢字が苦手な子であれば、「漢字は苦手だけれど、計算は速いよね」というようにその子供が優越性を持てる分野を言えばいいのです。ただし、漠然と「できそう」「勝てそう」では自信にはつながりません。どんなジャンルでも、ささやかなことでもいいのです。子供が実際に「できた」「勝てた」という実体験を持たせていくことです。

重要なのは、劣等感を持っているところとは別の分野で勝つ経験をするということです。

アドラーは、子供の頃は病弱で、外で走り回ったりすることができませんでした。アドラーとはまったく違う、健康な兄に対して強い劣等感を持っていたそうです。しかし、成長するにしたがい登山などの経験を通じて、劣等感を克服することに成功しました。

大切なのは、子供が持つ自信を常に絶やさないようにすることなのです。

「勝てた」という経験を持たせよ

第1章でも登場した私の弟は、計算が不得意でした。一方私は、小学3年生の頃、親のすすめでそろばん塾に通い、1年間で3級を取得して周囲の大人たちを驚かせました。

母は単純に「兄ができるのだから」と、弟を私と同じそろばん塾に通わせたのです。ところが弟は、もともと計算が苦手な上に左利きでした。そろばんは右から左に玉をはじいていく作業ですから左利きは圧倒的に不利なのです。弟は、たった1週間で挫折しました。

普通の親だったら、「せっかくお金をかけて行かせてあげたのに」「我慢して通いなさい」と叱ったり、愚痴をこぼしたかもしれません。ところは、母はまったく違いました。挫折した弟に対して文句ひとつ言わず、また弟に「才能がない」とは一切考えませんでした。「計算ができるようになるなら、ほかの手段を探せばいい」と、次に公文式に入塾させたのです。

公文式は、学年別ではなく、そのときの子供の実力に合わせたプリントを学習する勉強法です。弟は初めはごく簡単な計算プリントから取り組み、「できる」という実感を得ながら次第にレベルを上げていったのでしょう。といっても、同時期に4桁×4桁の計算を楽にこなしていた兄から比べると、低レベルだったことと思います。けれど弟は決して高いレベルではないにせよ、自分の学年より上の教材に初めて取り組む経験をすることで、「できた」という成功体験を重ねて、少しずつコンプレックスを解消していきました。大事なのは、レベルの高低ではなく、あくまでも「勝てた」という実感を得ることです。

この母の決断は、それまで父親に劣等生扱いされていた弟に大きな転機をもたらしました。そして「自分も勉強のやり方さえマスターすれば東大に行けるかもしれない」という根拠のない自信をつけ、本当に東大に合格するまでになったのです。これは母の勇気づけのたまものだったと思います。

母は、もし公文式も弟に合わず、また弟が挫折したとしても、弟に合った教材や教え方に出合わせて「勝つ体験」をさせるまで、さらにほかを探したと思います。「できないこと」に固執せず、学び方を変えてみる、探してみる。そしてその子供に合う、その子供が自信を持てるような「勝つ体験」をさせることです。

子供の「わからない」を責めるな、突き放すな

子供が勉強していて「わからない」と言ったとき、親が絶対にしてはいけないことが二つあります。一つは「どうしてこんな簡単なことがわからないの」と責めること、もう一つは、その「わからない」を放置して答えるまでに時間を空けてしまうことです。

まず、わからないものはわからないのですから、責めても何も解決しません。しかも責められるのが嫌で、それ以降何かにつまずいたとき、「わからない」と言えなくなってしまうかもしれません。「わからない」というのは、今までの学習内容のどこかでつまずいているということであり、大切なメッセージなのです。そのメッセージを出さなくなってしまったら、子供はつまずいたままで、解決の糸口も見つからず、わからないことが増えるばかりです。逆に、正直に「わからない」と言ったことを褒めてあげて、「どこがわからないの。一緒に考えてみよう」というようなことを伝えましょう。

次に、子供の「わからない」ことを放置してしまうことですが、そうすると、どこがわからないのかを子供が忘れてしまい、せっかくのメッセージが消えてしまいます。勉強が嫌いになるのは、わからないのに無理矢理させられるからです。必ず「どこが」わからないのか、「どこで」わからなくなったのか、という二つの視点で原因を探ってください。「わからない」ことを放置しない、突き放さないことは、勉強以外の面でも大事です。

子供の疑問が、明らかにまだ理解できない、手に負えないことだとしても、「大きくなったらわかるよ」「まだ早いわよ」などと片付けてしまってはいけません。親が子供より知識や経験が豊富なのは当たり前ですが、それは先に生まれただけのこと。人間としては対等です。親が子供に対して、「あなたはまだ知らないけど、私は知っている」という態度で接していると、子供はさまざまな好奇心をなくしてしまいます。まだ理解できないと思われる話でも、伝えられる範囲でできるだけわかりやすく伝えましょう。

その上で、理解できないことについては、「だいじょうぶ、ママも子供の頃はよくわからなかったけれど、だんだんわかるようになるから」と、大人と子供は対等だという原則を忘れず、希望を持たせるのです。どんな分野であれ、子供の「わからない」という大切なメッセージをムダにしないでください。

第3章

何をどこまで
どう教えるか

5歳までに小学2年〜3年生の「国・算・英」を先取れ

「先取り学習」についてですが、幼稚園や保育園を卒園する6歳の時点で、小学校の2年生、できれば3年生までの内容を覚えるようにしてください。前述したように、「9歳の壁」にぶつかるまで、つまり「抽象的思考」が入ってくる前までは、「記憶力」で勝負できる範囲だからです。

教科は国語、算数、英語の3つ。具体的な教え方はそれぞれ詳述しますが、この3教科は、子供が最も成功体験を得やすく、達成感を味わうことが比較的容易な科目です。

まず、字を覚えれば、子供の語彙《ごい》は一気に増えます。語彙力がつくと、自分や家族の名前、物の名前をあれこれ覚えて書きたくなります。さらに、絵本に書いてある文章を声に出して読みたくなるといった意欲が自然にわいてきます。

算数も同様です。1から10までの数を数えられるようになったら、2よりも5のほうが大きいとか、8より4が小さいなど、数字の理解が進みます。足し算・引き算を覚えると、計算するおもしろさを感じるようになっていきます。

幼少期の英語の勉強に関しては、私は「耳で聞いて英会話を丸暗記すること」が非常に有効だと考えています。ただ、英語は現在はまだ小学校では正式科目として習いませんし、下手に教えると悪い影響しか与えません。これものちほど詳述します。

教える際の教材（国語・算数）はどうしたらいいでしょうか。幼稚園などで使用しているものがあるなら、それを使ってもいいでしょう。ない場合は、親御さんが本屋さんで見て気に入ったものでけっこうです。

教材を選ぶコツは、まず親御さんがその教材で教えやすいかどうかです。評判がいいと言われる教材であっても、親御さんが教えにくいと感じたら別の教材を選んでください。子供も気に入る、親子ともに合うものを見つけましょう。

そして親子で取り組みます。とくに子供が幼少期～小学生のうちは、ただドリルを買い与えて子供にまかせっぱなしにしては、効果はまったくありません。親が一緒になって問題を解き、一緒に頭を使い、どうすれば楽しく覚えられるか試行錯誤しながら伴走してください。「卒園までに3年生までの内容を」が目標の目安です。

教える時間は一日最低20分〜30分確保せよ

今は、保育園や幼稚園に子供を預け、両親ともフルタイムで働いているご家庭も多いことと思います。子供と過ごす時間が限られるなかで、勉強時間はどれくらい確保すればいいのか、悩まれている親御さんも多いのではないでしょうか。

肝心の勉強時間ですが、基本的には子供の年齢で変わると考えてください。

私が考える適切な勉強時間は、「子供の学年×20分〜30分」です。小学1年生なら20〜30分、6年生なら2〜3時間という具合です。5歳までの幼少期は、1年生並みの勉強時間の「20分〜30分」を確保してほしいと思います。

時間はまとまってとれなくてもかまいません。たとえば、10分×3回といったように、小分けでもいいのです。また、子供が勉強をおもしろがってどんどん進めようとしているときは、30分を過ぎたからといって無理にやめさせる必要はもちろんありません。

ただし、勉強する時間帯はある程度決めたほうがいいでしょう。そうすると毎日勉強する習慣がつきやすくなります。しかも暗記は寝る前にするのがもっとも効果的です。夕方に勉強し、寝る前に暗記させ、翌朝にテストするというサイクルを作ると、記憶が定着しやすくなります。勉強する時間帯が決まっていれば、親御さんにとっても、一日の予定が立てやすい利点があるでしょう。

ちなみに、ここで言っている「勉強量」とは、もちろん「家でする勉強量」についてです。先生は親御さんです。「先取り学習」を原則にする以上、家での勉強が主体です。保育園や幼稚園で教えてくれているから今日はいいだろう、といった考えでは困ります。

子供が小学校に上がっても、それは同じこと。学校は勉強を習いに行く場所ではなく、復習する場であると肝に銘じてください。

国語はひらがな、カタカナ、漢字をどんどん詰め込め

国・算・英の3教科の中で、もっとも重要なのはやはり国語です。言葉は知っていれば知っているほど読解力を高める上で有利になります。子供の論理的な思考力を養うことにもつながります。まずは言葉をどんどん覚えさせることから始めましょう。

ひらがな、カタカナはもちろん、小学校で習う難しい漢字であっても先取りして詰め込むことに、なんら問題はありません。

子供が理解しやすく、親御さんも教えやすい市販のドリルや教材を使って身につけていきます。

そして日本語については丸暗記ではなく、できれば漢字や熟語の意味や例文を教えて、きちんと語彙として身につくようにしてあげてください。

少し前に、「大人の語彙力」に関する本が話題となり、ちょっとした「語彙力」ブーム

になりました。それだけ、自分の語彙が少なくて恥ずかしいと感じている大人が多かったということでしょう。普段のコミュニケーションにおいても、たとえば「すごい」「かわいい」とだけしか言えないようでは味気ないものを感じます。

総合的な学力という面からしても、語彙は重要です。子供たちはこの先、「論理的な文章を読解する力」が必要になってきますから、言葉をどれだけ知っているかは、その土台といえます。

先々、論理的な文章に慣れ、その文意がつかめれば、数学や物理の問題もきちんと理解して対応できますし、新聞や知的レベルの高い本を読むときにもおおいに役立ちます。論理的な文章を理解するトレーニングをしておくと、国語以外の科目の能力を伸ばすときにも役立ちますが、その前提として、どれだけ言葉を知っているかが重要です。

幼児教育は、子供の将来を見据え、そこから逆算するのがコツと前にも書きました。ですから、子供が楽しんで覚えている限りは、先を見据え、難しい言葉でもどんどん教えていっていいのです。

絵本の読み聞かせは気に入っている一冊を何回も

絵本の読み聞かせというと、いわゆる情操教育の中で語られがちですが、国語力を高める点からしても有効です。

子供は親御さんに絵本を読んでもらうことが好きですし、何回も読んで聞かせることで、自然と言葉と物語を暗記してしまいます。これが子供の国語力を鍛えるのです。

では何を読んであげるか、ということになりますが、基本的には「子供が一番気に入っている絵本」を選ぶのが正解です。子供にもせがまれるなどして、同じ本をくり返し読むのは、親御さんのほうが疲れてしまうかもしれませんが、なるべく根気よくつきあってあげてください。

何回も読んであげると、文章を覚えますので、子供が字を読めないうちでも本を読めたような気になります。また、言葉を知るようになると、子供が文章を読めるようになりやすくなりますので、たまには子供に音読させてもいいでしょう。

文章の音読は、子供の国語力をいっそう高めますので、子供にとっても、いい勉強になります。「今度はお父さんに読んであげて」「お母さんに読んで聞かせて」などと言って、子供に読んでもらいましょう。

たまには目先を変え、子供が気に入っているものではなく、音読はちょっと難しいかな、と思うくらいの作品を読み聞かせてもいいと思います。小さいうちから、少しハイレベルな日本語に触れていくことは大切です。

ただし、そうした絵本を読み聞かせる際は、なんとなく読み流して終わり、とならないようにしてください。子供が難しいと感じているなと思ったら、「何かわからない言葉はあった？」と聞いて教えてあげましょう。そこで親がその言葉について説明してあげれば、より物語の理解が深まりますし、子供は新しい言葉をどんどん覚えていきます。

親御さんに絵本を読んでもらうのは、子供にとっても楽しい時間ですから、読み聞かせを上手に利用し、勉強にうまく取り入れていってください。

Show and Tellで、覚えた言葉をアウトプットさせよ

普段から親子の遊びで「しりとり」をしているご家庭は多いと思いますが、「しりとり」も幼少期に使える勉強法の一つです。覚えたことをアウトプットするのに最適ですし、子供の語彙力が順調に身についているかどうか、親御さんも楽しみながら確認することもできます。

同じように、子供の国語力を向上させるために、アメリカの小学校で取り入れられている学習遊びで、Show and Tellというものがあるのですが、これは日本語でも応用できます。

どういうことをするのかというと、身の回りにある物を持ってきて、それを「見せながら（Show）、その物が何であるかを周りの人に説明する（Tell）」のです。

まず、子供に好きな物を持ってこさせます。そして、その物について子供になんでも話

させましょう。話しやすいように、親御さんもいろいろなことを質問してあげてください。持ってきた物は何か、なぜそれを選んだのか、どんなところが好きか、といった質問をして、親子で一緒にその物について話すのです。

子供は覚えた言葉を使って説明することで、言葉を脳に定着させていきます。インプットするだけでなくアウトプットする場も重要です。大人もそうですが、知識を定着させるためにも人に説明することは非常に有効なのです。

さらに、この Show and Tell はこんな使い方もできます。

子供が持ってきた物を、すぐに親御さんに見せないでもらいます。そして物の名前をふせておき、子供にあれこれ説明をさせて、親御さんがその物の名前を当てるのです。こうしてクイズ形式にすることで、子供の説明能力も高まりますし、何より親子で楽しく勉強できるのがいいと思います。

勉強とは、ただ机に向かって堅苦しくするものではありません。とくに幼少期はゲーム感覚で楽しみながら教えると、身につきやすいといえます。

足し算、引き算は視覚を使え

国・算・英の3教科は、子供に達成感を味わわせやすい教科であると書きましたが、算数はとくにそれが顕著です。問題が解けるようになることで、「根拠のある自信」「自分は頭がいいんだという自信」をつけさせるのに、非常に効果があります。

その一方で、子供の勉強の中でも親御さんのほうがあきらめが早い科目ともいえます。親御さん自身が算数に苦手意識を持っていることが多いからです。しかしそれでは子供の能力を早々に潰してしまうことになります。

この先の中学、高校、大学受験の数学入試問題を解くのに必要なのは、どれだけ解法パターンを知っているかにかかっているといえます。その大前提として計算は非常に重要です。ですから、この幼少期と小学校低学年の間に、いかに子供を算数好きにさせるかが重要なのです。

小さい頃は、計算が速くできることだけで算数ができるような気になって、算数好きになりやすいものです。そして計算力はおおむね練習量に比例し、能力が確実に伸びます。計算力をつけておくといいメリットはほかにもあります。暗記数学がある程度終わり、自分の頭で考えながら問題を解く段階になったとき、計算力のある子供は、ほかの方法をいろいろ試す粘り強さと応用力が身についているのです。

ですから、なにはともあれ、計算力です。100より大きな数の数え方を覚えたら、足し算、引き算の基本を教えていきましょう。

はじめは一桁の足し算、引き算から。ここで重要なのは、子供の「視覚」を使うことです。おはじきなどを使って、子供の目に見えるようにしながら、足したり引いたりするということはどういうことなのかを、ビジュアルで教えていくのがコツです。

一桁の足し算、引き算に十分慣れたら、二桁、三桁と増やしていきます。桁が増えても基本は1から10までの計算ですから、一桁が理解できればあとはスムーズなはずです。

なお、幼少期にそろばんを習うのもとても効果的です。数に対する抵抗がなくなり、計算が得意になります。ただし向き不向きがありますので、やらせてみて子供が興味を持ったらおおいに活用するといいでしょう。

かけ算は九九を親子で暗唱せよ

足し算、引き算ときたら、今度はかけ算です。

まず、かけ算とはどういうことかその意味を教え、九九を丸暗記させましょう。

かけ算の本質は足し算です。「2＋2＋2」という同じ数でくり返される足し算を「2×3」とまとめた計算方式がかけ算です。それだけ押さえておいて、とにかくまずは九九を暗記させることから始めましょう。

九九は言葉遊びのような要素もあり、親子で一緒に暗唱して覚えるのは、比較的楽しくできると思います。

一の段、二の段、三の段と覚えていき、言えるようになったら、順序よく言えるかどうか、タイムを計りながらチェックしてもいいでしょう。幼少期はゲーム感覚で攻略していくと楽しく覚えられます。

足し算や引き算、そしてかけ算まで覚えられるようになってきた上で、これは本当は小学2年生のお兄さんお姉さんがやるものと教えてあげると、子供にもどんどん「根拠のある自信」が身についていきます。

ただし、小さい頃はどうしても、数の概念がわからないとか、足し算や引き算がなかなか理解できないといったこともあり得ます。そういう場合は、親御さんが焦って覚え込ませるのではなく、国語や英語など他の教科を先行するようにしましょう。算数は他の教科より個人差が出やすい科目でもありますから、それを親御さんが認識しているだけでも、子供の心にもゆとりが生まれます。

また、算数は計算だけでなく、図形も同時に教えていきます。何からどう教えるかは市販の教材に詳しく書いてありますが、図形は、丸、三角形、四角形といった形を覚えることから始めていきます。

そうして二等辺三角形や正三角形などの少し難しい形や、大きさの比較、立体についても徐々に教えていきます。図形もそうですが、子供がわからない場合は無理をしないようにしてください。算数はあくまで「できる喜び」を体験させる教科であり、苦手意識を植えつけるものではありません。

英語はネイティブの「音」と「会話」に慣れさせよ

英語はこれまで、高学年から英語に親しむ「外国語活動」という形で教えられていましたが、２０２０年には、小学5年生、6年生の正式科目になります。英語に親しむ外国語活動は、小学3年生からの前倒しになるとされています。

小学3年生から触れる英語を、幼児教育で教える必要があるのか、そんなことをするより国語が先ではないか、という意見が出てくるのはもっともです。しかし私は、方法さえ間違わなければ、なるべく早い時期から英語教育はするべきだと思っています。

視野を広げてみますと、幼稚園児から英語を覚えるのは早すぎると考えているのは、日本くらいではないでしょうか。東南アジアの国々では、幼少期から英語を勉強するのが当然で、母国語とは別に英語が話せるのは普通のことです。

では幼少期の英語教育で気をつけるべきことは何でしょうか。

それは読み書きよりもまず、ネイティブの「音」に触れさせて「会話を暗記」するということです。意味がわからなくても英会話を聞き、コミュニケーションをとる。生活環境に近い形で触れることが大事なのです。それもきちんとした発音の英語が聞こえる場所で、です。くり返しますが、この時期の英語教育で重要なのは、「音」と「会話の暗記」です。

ですから、英語の発音に自信のない親御さんたちが直接教えることはこの際、すっぱりあきらめて、外部の力を借りることにしましょう。ネイティブの先生のいるスクールはもちろん、今はインターネットを使えば、先生を見つけやすいはずです。チャットに参加させてもいいでしょう。ネイティブの先生が会話する幼児向けのDVDもおすすめです。

よく幼少期の英語の勉強法で、アルファベットを一音一音発音させたり、りんごの絵を見せながら、「Apple」の正しい発音を覚えさせようとしているのを見かけます。それに意味がないことはありませんが、要領よく身につけさせるという点からは失策です。英語の歌を歌ったり、英語でお遊戯したりするのも同様です。

生まれた赤ちゃんが「あいうえお」の発音や、絵と単語を照らし合わせて単語を覚えることから始めないように、英語もコミュニケーションの道具として、「音」と「会話」のある環境にいることが重要なのです。

「英会話こそ丸暗記」を徹底せよ

では「英会話を丸暗記」させるとは具体的にどういうことなのでしょうか。

たとえば、Hello と先生に声をかけられたら、その音を聞いて、Hello と子供に返答させます。同じ言葉でも何度も何度も口に出して、英語を音読、発話させるのがよい方法です。

英語と日本語の意味をリンクさせるのは、少しあとにしましょう。ごく簡単なものでいいですから、日常で使う英会話を文章で丸ごと暗記していきます。"Hello" "I'm fine" "What are you doing?" といった初歩的な易しい会話です。

そうして、知っている英会話の量をとにかく増やしていきます。そして、Hello は「こんにちは」の意味なんだな、I'm fine は「元気です」ということなのだなと、日本語と徐々にリンクさせていきます。

すぐに英語と日本語を紐づけて教えてしまうと、子供がいったん日本語に訳して考えるクセがついてしまいます。英語は英語として、英語同士でやりとりすることが大切です。会話をする中で、英語で重要な「節」と「イントネーション」も自然に身につけることができます。

知っている英会話の量が増えていくと、子供はだんだん片言の英語を話すようになります。もちろん、この時期に急に英語がペラペラになることはありませんし、そこまでさせる必要もまったくありません。

この時期は、音を覚え、会話を覚え、節やイントネーションを覚え、英会話そのものでやりとりする、ということに慣れさせればいいのです。

そうすると、実際に英語を勉強するようになったとき、英語に対するハードルが相当低くなっています。国語や算数と同様、学校で習うときに自分が先に進んでいる、わかるという体験は、子供のやる気をますます引き出します。

英語でも、「できる→自信になる→楽しい」というよい循環を親御さんが作ってあげることが非常に大切です。

第4章

飽きずに習慣化させる方法

毎日〝頭がよくなった〟と思わせよ

みなさんは自分の子供の頃や学生時代を振り返ってみて、毎日勉強していたでしょうか？　それとも宿題があるときや、試験のときだけにしぶしぶやるという生活だったでしょうか。

勉強は毎日するものです。宿題があるから、試験があるからするというものではありません。勉強しない日を作らない、つまり勉強を毎日の習慣にすることが重要です。もし、ご自身が毎日勉強しない子だったとしたら、その理由は一つ、勉強が毎日の習慣になっていなかったからです。

私はいつも歯磨きを例に話しています。最初は親が子供の歯を磨いてあげたりしますが、嫌がる子供のほうが多いのではないでしょうか。けれど、成長するにしたがって、たいていは自分で毎日歯磨きをするようになります。毎日歯磨きをしていると、しないと気持ち悪いと感じるようになるからです。

勉強もまったく一緒です。毎日勉強する習慣をつければ、しないことが気持ち悪くなります。そして歯磨きと同じように、最初からお父さん、お母さんが子供と一緒に勉強してあげるというわけです。

勉強の場合は毎日の習慣にするコツがもう一つあります。それは「勉強をしたら頭がよくなった」と、子供に毎日感じさせることです。毎日勉強していれば、必ずその日に新しくできるようになったこと、新しく知ったことが出てくるはずです。それを根拠に、子供に「今日も頭がよくなった」と感じさせるのです。

歯磨きを自分でするようになると、親に「きれいに磨けたよ」と見せたりします。そのとき「ほんと、きれいになったね」と言ってあげると子供は喜びます。勉強もこれとまったく同じです。「頭がよくなったね」と毎日親が言って、子供に実感させてください。

これが習慣化であり、一度習慣になってしまえばしめたものです。子供は、何も言われなくても毎日勉強するようになるでしょう。

子供が好きなことと勉強で手綱をとれ

子供に好きなことがあるならば、それを「勉強＋好きなこと」というかたちで活用することができます。たとえば、お絵かきが好きな子供には、「計算ドリルのここまで終わったら、お絵かきしようね」などと言うのです。計算が速くなったら、その分お絵かきを長くできるというようにして、手綱をとるのです。

もし子供が、ほかにもいろいろしたいと言い出したとします。たとえば、お絵かきもしたいし、アニメも観たいと言うときは、「好きなことは一つまで。もしアニメを観るなら、お絵かきはお休みね」と、勉強プラス「好きなこと」は一つまでと子供に教えてください。そして、もし勉強がおろそかになったり、集中できないようなときは、好きなことをお預けにしてもよいでしょう。「しばらくは、お絵かきはお休みね」と言うのです。

こうすると、子供は自分がしなければならないことをして、初めて自分の好きなことができるのだということを学びます。

この「勉強＋好きなこと」は、子供がやや大きくなってからも有効です。子供は中学、高校生くらいになると、クラブ活動、音楽、恋愛などいろいろ興味を持つようになります。ここで「好きなことは一つ」というルールが登場します。勉強プラス、スポーツを「好きなこと」に決めてもよいでしょう。音楽を「好きなこと」にしたいというのであれば、クラブ活動はせずにバンド活動をするなど、一つに絞って望むことをさせてあげればいいのです。また、勉強がおろそかになっているようなら、「好きなこと」を休ませるのも同じです。「好きなサッカーはお休みね」「しばらく楽器をさわってはダメ」などと言って、勉強への意欲を高めることもできます。

厳しいのではないか、と思われる親御さんもいるでしょうが、なんでも自由にやらせることが親の愛情ではありません。一時《いっとき》はうらまれても、最終的に子供の人生を幸せにするためにできることをするのが親の役割であり、責任だと思います。

「勉強＋好きなこと一つ」は、子供のやる気と才能の両方を引き出すルールだと思います。小さい頃から、「すべきことをして、初めて好きなことができる」というルールを納得させることが大事です。ぜひ活用してみてください。

ご褒美で釣るのは問題ない

先の「勉強したなら何か好きなことを一つしていい」という方法や、「漢字ドリルを全部終えたら、子供がほしがっているものを買ってあげる」というように、子供と取引する方法に対して、親御さんからよく「子供を物で釣るようなことをしていいのでしょうか」といった質問を受けます。結論を言えば、何の問題もありません。ご褒美で釣ることは、社会における「労働の対価」を子供に教えることになりますし、社会のルールを身につけるという意味では、有益な方法だといえるでしょう。

「我慢をすることで対価が得られる」という社会の考え方を、早い時期から子供に体感させるのです。もちろん、いろいろやり方を工夫して勉強そのものが楽しくなることが一番ですが、その子供にとってつまらない勉強もあることは事実です。そういう場合、この方法が有効なのです。

それに子供がほしがっているものを、強くねだられて無条件で買ってあげるのと、「計算ドリルが終わったら」というように条件付きで買ってあげるのと、どちらが子供によい影響を与えるでしょうか。私は圧倒的に後者だと思います。勉強という我慢だけを強いてもいけませんが、だからといって、子供の言うことを無条件で聞くのがいいとも思いません。

こういう話をすると、「物をあげないと何もしない子供になってしまうのでは」という心配をする人もいます。しかし、物でも褒められるという喜びでもいいのですが、人間は何かうれしいことがあるからがんばれるのです。子供が対価も何もなく、いきなり自発的な人間にはなれません。アメリカの教育改革は、子供たちの自発性に期待しすぎた結果、まともに読み書きもできない高校生を2割も生み出すことになってしまいました。この失敗を踏まえ、現在の教育心理学では、まず「アメとムチ」方式で勉強をさせ、次第に勉強をおもしろくさせることが理想だと、主張を変えています。

子供には何か試練を与え、それを乗り越えさせることが必要です。そして子供がきちんと達成したら、対価を与えるのです。社会のルールを学ばせつつ、子供のやる気を引き出していきましょう。

集中力が切れたら遊ばせて理由を探れ

子供が小さいうちはあまり集中力が続かず、どうしても飽きっぽくなるものです。子供の気持ちには波がありますし、「勉強したくない」日も出てくるでしょう。そんな日は、いったん子供の気持ちを受け止めて、遊ばせてみましょう。その上で、「でも全然勉強しないと、今日は頭がよくならない日になっちゃうよ」と言って、5分でも10分でもいいから勉強させてください。

それでもどうしても勉強したくないという日は、「じゃあ今日はお母さんと遊ぼう。その代わり明日は勉強するよ」と言って、思いきり遊んでください。大事なのは、「なぜ今日は勉強するのが嫌だったのか」、理由を探って次の日に生かすことです。子供が勉強を嫌がるのは、たいてい勉強がわからなくなっているからです。勉強ができるのに嫌がるということは、あまりありません。

落ち着いて子供に向き合い、「何がわからないのか」を探ってみましょう。探り当てたら、どうしたらわかるように教えられるか、できる限り工夫してみてください。

ほかにも、勉強法に飽きてしまっていることが考えられます。漢字の練習が続いたり、計算ドリルばかりでは、嫌になってしまうかもしれません。そういうときは、ちょっと工夫をしてみましょう。たとえば、目先を変えて、本を音読したり、おじいちゃんやおばあちゃん宛てに手紙を書いたり、といったこともいいでしょう。親御さんが教材を手作りするのもおすすめです。お母さんがイラストを描いてプリントを作るだけでも、子供はわくわくしますし、喜んで興味を示します。

子供が飽きないためには、ゲーム感覚を取り入れるのも有効です。毎日の勉強の成果を点数にしてグラフにするなど、目に見えるようにするのもいいでしょう。計算問題をするときは、どれくらいスピードが速くなったか、毎回のタイムを記録しておくのもよいでしょう。ゲームだと思えば、つまらない勉強でも「攻略する」というおもしろさが生まれるのです。

勉強は楽しいことが基本です。子供が勉強のなかで「快体験」をすることが大切なのです。「快体験」を積み重ねていけば、子供は自然と勉強に集中できるようになります。

勉強は整えた居間で一緒にせよ

毎日の勉強場所は、子供部屋ではなく、居間にしてください。スペースがなければ、ダイニングテーブルでよいのです。独立した部屋のほうが集中できるように思いがちですが、子供は一人でいるとついつい漫画を読むなど、遊んでしまいがちです。また、わからないところがあっても、すぐそばに聞ける大人がいないと、そのままにしてしまいます。

親と子供が一緒に勉強できる場所であることが大前提ですし、家族がいれば子供は安心します。子供には、達成したことを誰かに認めてもらいたい欲求があります。勉強した成果を見てあげたり、勉強する姿を見守ってあげるだけでも、やる気を出すのです。

もちろん、散らかっていたり、騒々しい居間ではいけません。気が散って勉強に集中できなくなるので、おもちゃやゲーム類は見えないところに片付けておきましょう。そもそもゲームは、勉強以上に習慣性、依存性が高いのでおすすめできませんが、仮に子供に許すならば、ゲーム機は居間において、1日1時間などのルールを決めるのです。

子供には「おもちゃやゲームはちゃんと片付けなさい」と言っておきながら、大人が散らかしていては説得力がありませんので、日頃から整理整頓することが大事です。もちろん、子供が勉強しているところで、大人がテレビやDVDを観たりしていてはいけません。子供ががんばっているのに、大人が寝転がってテレビを観て笑っているのでは、説得力がありません。だからといって、子供を別のところに追いやるのもおかしな話です。

肝心なのは、子供が勉強しているときは勉強しやすいような静かな環境を作って、見守ってあげることです。大人は本を読んだり、何らかの仕事をしていればよいでしょう。子供の勉強が終わったら、一緒に好きなテレビ番組やDVDなどを観ればいいのです。録画機能もあるのですから、親が我慢するというわけではなく、時間帯をずらせばよいのです。

「勉強は居間でする」スタイルは、子供が大きくなっても変えません。東大に合格する生徒の多くは、自宅の居間で勉強しています。子供が一人になるプライベートな空間として子供部屋があってもよいのですが、睡眠を取ったり、休む場所として考えましょう。

大事なのは、家族がいる、整理整頓された静かな居間で勉強をするという習慣をつけることです。

「うちの子は勉強しない」と感じたら方法を変えよ

もし、「うちの子はどうも勉強しない、勉強が嫌いなのかもしれない」と思っている親御さんがおられるとしたら、それは間違いです。最初から勉強が嫌いな子供はいません。子供というのは本来、できなかったことができるようになったり、新しく何かを覚えたりすることがうれしくてたまらないものです。字を覚えたら本を読んだり、書いたりしたくなりますし、九九を覚えたら声に出して言いたくなります。そして、それを親に見せて、褒めてほしいのです。

ですから、自分の子供が勉強しないと感じたら、その理由をきちんと分析してください。勉強嫌いになるには必ず理由があるはずです。

その理由を考えるときは、いろいろな勉強法を試して子供を観察してみるといいでしょう。先にも書きましたが、教材が合わなかったのかもしれませんし、勉強するときにもっと遊びの要素を入れたほうがいいのかもしれません。勉強していることを周りに変にからかわれて、やる気を失っているのかもしれません。

いずれにせよ、嫌いになっている理由を、手を替え品を替え勉強法を試す中で探ってください。理由がわかればその対処法は自然と出てきます。

以前、私は、勉強のやる気を作るアイデアを75も集めた本を出したことがありますが、とにかくいろいろ試してみることです。どんな方法であれ、「うちの子」に合わなければ意味がありません。

学習塾のCMで「やる気スイッチ」というキャッチフレーズが以前ありましたが、わが子が喜んで勉強するやる気のツボに出合えるまで、10でも20でも方法を試す気持ちで向き合ってください。

子供の特性パターンを早いうちにつかめ

受験生からよく受ける質問の一つに「睡眠時間はどれくらいがいいですか」というものがあります。そういうとき、私は「わかりません」と答えます。なぜなら、適切な睡眠時間は人によって異なるので、一概に「7時間がいい」などとは言えないからです。

そこで私は「自分で試してごらん」とアドバイスします。そして実際に子供自身に試させて体感させるのです。7時間寝たとき、一日集中できて勉強の成果が上がったか。または5時間半でも集中できたか。自分のベストな睡眠時間がわかるまで子供が試せばよいのです。人間は本当に千差万別です。それなのに一般論で「これがベスト。あなたもほかの人も一律に7時間寝るのがいい」とは言えません。

子供のやる気を引き出し、飽きずに勉強を継続する方法についても同じことがいえます。それも特性が出やすい幼少期のうちに、わが子の特性パターンをつかんでおくことが大切です。「三つ子の魂百まで」のことわざ通り、長く続く子育てにおける貴重な財産となります。中学、高校、大学それぞれの受験と向き合ったとき、どうすればやる気を出すか、あるいはどういうときやる気をなくすのか、解決方法が見えてくると思います。

ここでもやはり、いろいろな方法を試すことが必要です。それも何十種類もやってみることです。

「子育てがうまくいかない」と相談に来るお母さんに、私はまず「どれくらいの方法を試しましたか？」と聞いています。多くのお母さんは、4つ、5つくらい。一つ二つのやり方しか試していない方もけっこういるのです。それくらいで嘆くのは、私に言わせれば本気になっているとはとても思えません。成功するヒケツは、実にシンプルです。成功するまで、ありとあらゆる方法を試し、実行し続ければいいのです。あきらめずに続ければ、自分の子供に合った方法が必ず見つかります。

幼少期から探しはじめて10年目で見つかったとしても大学受験には十分間に合います。気長に、あらゆる方法を試してみてください。

子供の観察結果をメモして「OKリスト」を作れ

子育てに成功している親御さんには共通点があります。それは子供をよく見て観察し、しかもマメに記録しているということです。観察して記録し続けることで、子供のパターンが見えてくるのです。

親御さんが、子供を放任してしまうと、子供がどれくらい勉強ができているのか、どこにつまずいているのかが把握できなくなってしまいます。子供は勉強がわからなくなると急速に興味を失います。一度そうなってしまったら、親がいくら勉強しろと言っても、ますます勉強嫌いになるだけです。

そのため、こういう教え方をしたら理解できた、この時間帯なら集中できたといったことをまとめておくのです。うまくいったときのリスト「OKリスト」を作ってみましょう。

さらに、いつもの勉強時間を5分延ばしたら集中力が途切れた、こう叱ったらいじけてしまったなど、ダメなところを記録した「ダメリスト」も併せて作るとよいでしょう。

子供を教育するということは、なにも教育のプロや保育士などの専門家でなければできないというものではありません。子供にきちんと向き合う親であれば、誰でもきちんとできることなのです。テクニカルなことや専門知識は子供に教えるときのヒントになるので、あったほうがよいとは思いますが、そうした情報収集が一番大事なことではありません。大切なのは、子供と一緒の時間を過ごし、よく見て観察することです。

それも、ただ漠然と見るのではなく、よく観察し、記録し、子供のパターンを見つけることが重要です。わが子専用の「OKリスト」「ダメリスト」を作り分析した上で、子供に合った方法に近づけていけばいいのです。

決して難しいことではありませんが、時間をかけること、短気を起こさないこと、子供を信じて「あきらめない」という気持ちが必要になります。そしてその心は必ず子供にも伝わります。前にも書いた私の弟は、「ダメな子」でしたが、母だけがその力を信じました。

その信じる心と行動力が弟を開花させたのであり、母の勝利だと私は思っています。

「勉強ができることはかっこいい」という価値観を持たせよ

勉強を習慣化するためにも、「勉強ができることはかっこいい」という価値観を持つことは大事なことです。

私の遠い親戚に、3人兄弟がみんな東大に入った家族がいました。傲慢な態度を取ることもあったようで、親戚からは嫌われていましたが、私の両親はその兄弟と家族のことをいつも「すごい」と言って話していました。結果的に、親戚中で、その3人兄弟以外に東大に行ったのは私と弟だけです。両親の私たちへの「勉強ができることは、すごいことなんだよ」というすりこみが、確実に力になったのだと思います。こういう経験があると、遺伝の差より、価値観の差が受験の成否を大きく左右すると、考えざるを得ません。

現代では、勉強ができるよりも、スポーツやダンスができたり、おもしろいことを言えたりするほうがかっこいいと考える風潮が強いかもしれませんが、小さいうちに「勉強ができることがかっこいいんだよ」という価値観を持つように、親が心がけることは意義あることです。小さい頃ほどすりこみは簡単ですし、勉強が好きになるもとになります。

「勉強ができることはかっこいい」という価値観を持たせるのは、女の子も同じです。女性の生き方が多様になり、活躍する場が増えたといっても、日本は先進諸国のなかではまだまだ遅れています。勉強ができたほうが、自分で生きていける能力も身につけやすいですし、いわゆる「勝ち組」の男性と結婚できる確率も高まるかもしれません。

気をつけてほしいのは、ダブルスタンダードは絶対に避けること。たとえば東大卒の官僚が不祥事を起こすと、東大を出ていない親は、「だから東大卒はダメだ」と言いがちです。「東大卒が悪いわけではなく、たいていの人は成功している」とフォローするくらいの冷静さを持ってください。

また、人間は、とくに子供というのは勝手なもので、自分に都合のよい価値観を持つ傾向があります。たとえばスポーツができると、それがかっこいいと思いがちです。そして、子供の頃に「勉強ができる」という体験をさせると、「勉強ができるほうがかっこいい」という価値観を持ちやすいのです。ここでも、やはり「先取り学習」は有効なのです。

「なぜ勉強するのか」という動機づけをせよ

よく「好きなことで食べていけるなら幸せ」などとも聞きますが、野球でいえば大谷翔平選手レベルまで才能が伸びる保証はありません。トップになれるのは、ほんの一握りです。「勉強しないと食べていけなくなる」というのが世界の常識です。

先進諸国だけではなく、世界の市場に追いつこうとしているアジアの国々でも、教育には非常に熱心です。フィリピン、マレーシア、インドネシアといったＡＳＥＡＮの子供たちは、幼稚園や小学校のうちから英語を勉強し、流ちょうに話すようになります。彼らの多くは現在、世界の一流企業で活躍しています。「子供はのびのびと育ち、健康でやさしければ勉強などできなくてもいい」と日本の親が言うような、甘ったれた態度とは本気度が違います。将来、子供が食べていけること、すなわち幸せになれるためにどうしたらいいのかを親が本気で考えたら、勉強をさせることが一番なのです。

私の灘校時代、プロ棋士である谷川浩司さんのお兄さんが将棋部の部長を務められていました。聞いた話では、お兄さんは「浩司は賢いから将棋で食っていけるが、おまえはアホやから受験勉強をしろ」とお父さんに言われたそうです。お兄さんは東大に入学し、将棋部のキャプテンとなりアマチュア日本一にまでなりましたが、やはりプロとして食べていけるレベルとは言えないそうです。一つの道で食べていくのはそれほど難しいのです。

また、もし将棋やスポーツに挑戦して成功できなくても、勉強をしておけば引退後、別の道で活躍することが十分可能です。谷川さんのお父さんと同様、親としてはやはり小さいうちから勉強をさせることが一番のリスクヘッジだと思います。

以前、私が出した本に、母が手記を寄せてくれたことがありました。母は、こう書いています。「ウチは金持ちじゃありませんし、子供に残してやれるものなんて何もありません。せいぜい子供に学歴をつけてやることしかできないのです。（中略）べつに、東大に行けばエライなんて思っていません。でも東大に行っているのは、トクやなと思うことは、親の立場からままあります」

まさに、この通りなのです。親が子供が将来幸せに暮らせるようにと願うならば、残せるのは学歴、してあげられるのは教育しかないのです。

おわりに

本書を読まれて、少しでも子育てに自信をお持ちになったでしょうか？　ぜひそうあっていただきたいと思います。親御さんの自信は、子供の心強い味方になります。

子供には個人差があるので、一人ひとり子育てのやり方には違いが生じます。そうあって当然です。ですから私が言いたいのは、とにかく親御さんが、ご自分のお子さんにできることを探して、それを伸ばしてあげてほしいということです。5歳までに加速をつければ、小学校に入ったときに必ず周りの子供たちに勝てて、健全な自信が持てます。

子供が健全な自信を持てば、その先も前向きに生きていけます。

幼少期の子供が、「自分はできないダメな子なんだ」と思って、いいことなど一つもありません。

そのためには、親御さんが私のやり方でなくても、いい方法を見つけさえすればいいのです。お子さんは絶対にできるようになる、という自信を持ってほしいということです。

ただ、これまで子供に教える経験もなく、周囲にあまりノウハウを教わることができない家庭教育を手探りでしていても、自信を持ちづらいところがあるかもしれません。

ですので、今後私は本書に続き、小学生、中学生、高校生用と、大学受験に至るまで親御さんが自信を持って子供を教育できるための本を、シリーズ化して出し続けたいと考えています。さらに本を読むだけでは不安な方や、より具体的に対応したい方たちのために、「親塾」という通信講座も開きました（http://wadashiki-oyajyuku.com）。

どんな形であれ、親御さんが自信を持ち、少しでも成功確率の高い方法で、子育てに臨むことが肝要です。大学受験や社会に出てからの、何十年か後の親子の幸せな顔を心から望んでいます。

和田秀樹

1960年大阪府生まれ。東京大学医学部卒。東京大学医学部附属病院精神神経科助手、米国カール・メニンガー精神医学学校国際フェローを経て、精神科医。国際医療福祉大学心理学科教授。和田秀樹こころと体のクリニック院長。毎年、無名校から東大や医学部に合格者を多数輩出する受験勉強法の通信教育緑鐵受験指導ゼミナール代表。大学受験までつながる基礎学力と自信をつける保育園型幼児教室I ＆ Cキッズスクール理事長、エグゼクティブプロデューサー。『親のための受験の教科書』（ぴあ）、『五〇歳からの勉強法』（ディスカヴァー携書）、『アドラー流「自分から勉強する子」の親の言葉』（大和書房）、『公立小中高から東大に入る本』（幻冬舎文庫）など勉強法・教育問題をはじめ、心理学・精神医学、高齢者問題など幅広いジャンルにわたり多数の著書がある。

「東大に入る子」の作り方
5歳までは〝詰め込み〟が善

2018年5月10日　第1刷発行

著者
和田秀樹

発行者
見城 徹

発行所
株式会社 幻冬舎
〒151-0051 東京都渋谷区千駄ヶ谷 4-9-7
☎ 03（5411）6211（編集）
☎ 03（5411）6222（営業）
振替 00120-8-767643

印刷・製本所
錦明印刷株式会社

検印廃止

ISBN978-4-344-03294-1 C0095
幻冬舎ホームページアドレス　http://www.gentosha.co.jp/

この本に関するご意見・ご感想をメールでお寄せいただく場合は、
comment@gentosha.co.jp まで。